CW01394833

FABLES

Le petit bonhomme de pain d'épices

Adaptation et activités de Lisa Suett
Illustrations de Valeria Valenza

Lectures ELI Poussins

PIERRE
BORDAS
ET FILS

Avant de lire

1 Observe et écris chaque nom sous l'image qui convient.

> une vieille dame · un four · une ferme · attraper
> un vieux monsieur · une vache · traverser
> un cheval · un petit bonhomme de pain d'épices
> un renard · une rivière

1  _____

2  _____

3  _____

4  _____

5  _____

6  _____

7  _____

8  _____

9  _____

10  _____

11  _____

2 Sais-tu faire un petit bonhomme de pain d'épices. Associe les verbes à l'image qui convient.

1 ☐ étaler   4 ☐ mélanger
2 ☐ couper   5 ☐ cuire
3 ☐ décorer

a ☐

b ☐

c ☐

d ☐

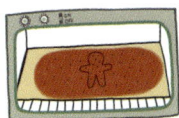

e ☐

▶ **2** **U**ne vieille dame et un vieux monsieur vivent dans une ferme.
La vieille dame est dans la cuisine. Elle fait un petit bonhomme de pain d'épices.

Que faut-il pour faire un petit bonhomme de pain d'épices ? Coche les bons ingrédients.

☐ beurre	☐ sucre	☐ lait	☐ gingembre
☐ pommes	☐ farine	☐ œufs	☐ poires

Le petit bonhomme de pain d'épices a une tête. Il a deux yeux.
Il a un nez et une bouche.

Il a deux bras et deux jambes.

La vieille dame met le petit bonhomme de pain d'épices dans le four.

▶ **3** Mais, soudain, elle entend :

Au secours !
Au secours !
Ouvrez
la porte !

La vieille dame ouvre la porte du four.
Le petit bonhomme de pain d'épices saute
et court dans la cuisine.
Il traverse la chambre… le salon… et la
salle de bains.
Le vieux monsieur n'arrive pas à l'attraper. ◉

Observe et écris le nom des pièces au bon endroit.

cuisine • chambre • salle de bains • salon

8

▶ 4 « Stop ! » dit le vieux monsieur. « Viens ici ! Nous avons faim. Nous voulons te manger. »

Mais le petit bonhomme de pain d'épices ne s'arrête pas. Il court et chante… ■

▶ 5 *Toi, tu cours pour me manger !*
Mais moi, je suis rapide, tu ne peux pas m'attraper ! ■

9

▶ **6** Le petit bonhomme de pain d'épices court
très vite. Soudain, il voit une vache.
« Meuh ! » dit la vache. « Viens ici ! J'ai faim.
Je veux te manger. »
Mais le petit bonhomme de pain d'épices ne
s'arrête pas. Il court très vite. La vache court
derrière lui.

Le petit bonhomme de pain d'épices
chante… ◼

▶ **7** *Toi, tu cours pour me manger !*
Mais moi, je suis rapide, tu ne peux pas m'attraper ! ◼

Associe chaque verbe au dessin qui convient.

sauter • courir • nager • escalader • marcher

▶ **8** La vieille dame, le vieux monsieur et la vache courent derrière le petit bonhomme de pain d'épices. Mais le petit bonhomme de pain d'épices ne s'arrête pas. Il court très vite.

Soudain, il voit un cheval. « Hiiii ! » dit
le cheval. « Stop ! Viens ici. J'ai faim. »
Mais le petit bonhomme de pain d'épices
ne s'arrête pas. il court très vite. Et
maintenant, le cheval court derrière lui. ⏹

**La vache et le cheval ont faim. Observe l'image
et trouve : une banane, une pomme, des
fraises, une poire et du raisin. Colorie-les.**

▶ 9 La vieille dame, le vieux monsieur, la vache et le cheval courent derrière le petit bonhomme de pain d'épices. ■

▶ 10 *Vous voulez me manger,*
Mais moi, je sais courir !
Vous ne pouvez pas m'attraper,
Et moi, ça me fait rire ! ■

« Ha, ha ! Vous ne pouvez pas m'attraper ! »

Observe et trouve...

... le nombre de lapins.

... le nombre de poissons.

... le nombre de grenouilles.

... le nombre de renards.

Le petit bonhomme de pain d'épices pense qu'il est intelligent. Mais, soudain, il rencontre un renard.

« Bonjour » dit le renard. « Je n'ai pas faim, je ne veux pas te manger. Je veux parler avec toi. »

Mais le petit bonhomme de pain d'épices ne s'arrête pas. Il court très vite. Le renard court lui aussi derrière lui.

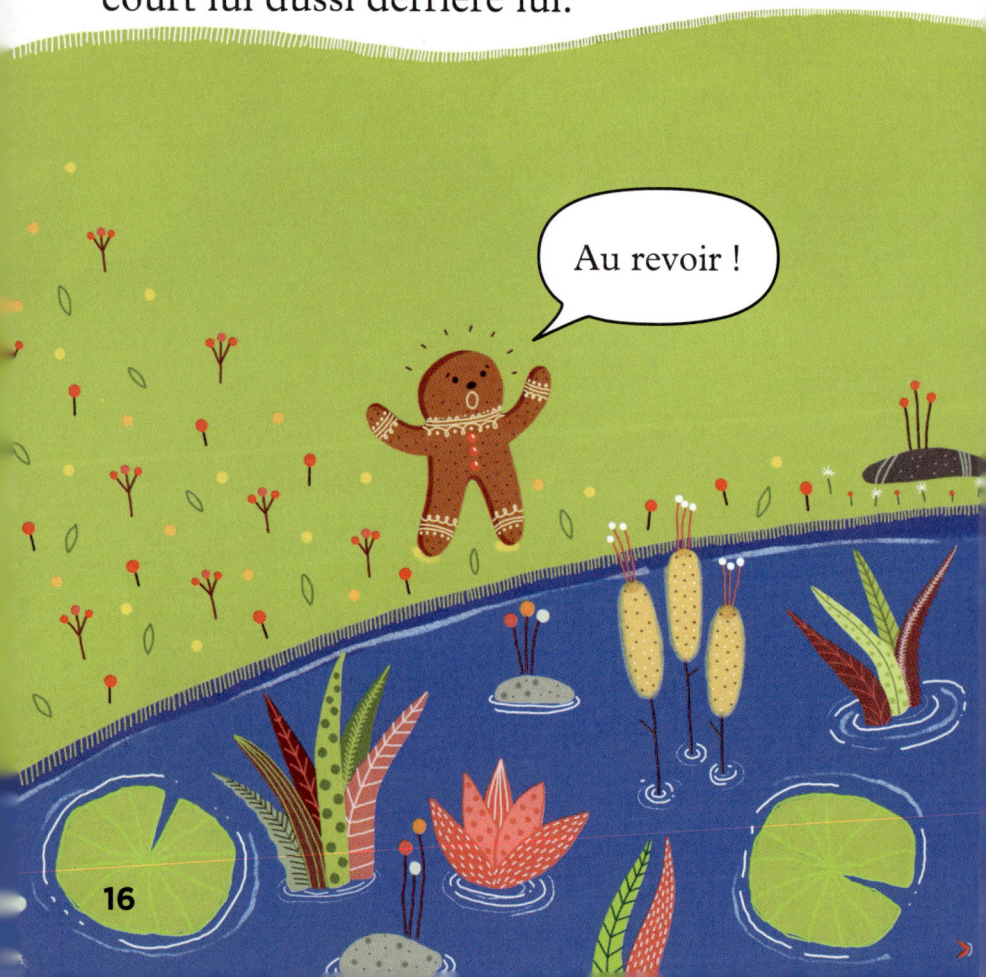

Au revoir !

Le petit bonhomme de pain d'épices arrive à une rivière. Il s'arrête. « Oh, non ! Je ne sais pas nager ! Comment est-ce que je peux traverser la rivière ? »

Le renard arrive et dit : « Je sais nager. Je peux t'aider. » ■

Écris les parties du renard au bon endroit.

la queue • le dos • le nez • la bouche

▶**12** « Tu peux te mettre sur ma queue » dit le renard.

« Merci ! » dit le petit bonhomme de pain d'épices.

Il se met sur la queue du renard. Le renard commence à nager.

« Oh, non ! Mes jambes sont dans l'eau ! ».

« Tu peux te mettre sur mon dos » dit le renard.

Il se met sur le dos du renard. Le renard nage et traverse la rivière. ■

13 « Oh, non ! Mes bras sont dans l'eau ! » dit le petit bonhomme de pain d'épices.
Le renard dit : « Tu peux te mettre sur mon nez ! ».
« Merci ! » dit le petit bonhomme de pain d'épices. Il saute sur le nez du renard.

Je suis plus

que toi !

E ♥   G ☆   I ∞   L ☾   N 🍦   T ☠

Mais… Oh, non ! Le renard lance le petit bonhomme de pain d'épices en l'air. Le renard ouvre la bouche et le petit bonhomme de pain d'épices tombe… dans la bouche du renard !
Le renard court et chante… ◉

Le renard court et chante…

▶ 14 *Oui, toi, tu sais courir très vite,*
Petit bonhomme de pain d'épices !
Mais, moi, je suis plus intelligent ! ◉

Page Brico

Un marque-page en forme de petit bonhomme de pain d'épices

Matériel :
- carton
- feutres ou peinture
- boutons
- papier coloré
- bâton en bois

1 Dessine la forme d'un petit bonhomme (garçon ou fille) de pain d'épices.

2 Découpe la forme.

3 Décore ton petit bonhomme de pain d'épices. Tu peux utiliser de la peinture, des boutons, des autocollants...

4 Colle un bâton en bois sur ton petit bonhomme de pains d'épices.

Ton marque-page est prêt !

Tu peux aussi utiliser ton marque-page pour jouer l'histoire !

Scène 1

LE NARRATEUR C'est l'histoire d'un petit bonhomme de pain d'épices. Un jour, une vieille dame et un vieux monsieur font un petit bonhomme de pain d'épices.

LA VIEILLE DAME J'ai faim. Qu'est-ce que je peux faire ? Oui, je sais ! Je peux faire un petit bonhomme de pain d'épices.

LE VIEUX MONSIEUR Bonne idée !

LE NARRATEUR La vieille dame fait alors un petit bonhomme de pain d'épices.

LE PETIT BONHOMME DE PAIN D'ÉPICES [*arrive et fait un signe*] Bonjour ! Je suis le petit bonhomme de pain d'épices. J'ai une tête, deux yeux, un nez, une bouche, deux bras et deux jambes.

Scène 2

LE NARRATEUR La vieille dame met le petit bonhomme de pain d'épices dans le four.

LE VIEUX MONSIEUR Mmm, j'ai faim !

LE PETIT BONHOMME DE PAIN D'ÉPICES [*frappe*] Au secours ! Au secours ! Ouvrez la porte !

LA VIEILLE DAME C'est quoi, ce bruit ?

LE NARRATEUR La vieille dame ouvre le four. Le petit bonhomme de pain d'épices court dans la cuisine.

LE VIEUX MONSIEUR + **LA VIEILLE DAME** Stop ! Viens ici ! Nous avons faim. Nous voulons te manger.

LE NARRATEUR Mais le petit bonhomme de pain d'épices ne s'arrête pas. il court et chante…

LE PETIT BONHOMME DE PAIN D'ÉPICES [*court sur la scène*]

TOUS ENSEMBLE *Toi, tu cours pour me manger !*
Mais moi, je suis rapide, tu ne peux pas m'attraper !

Scène 3
LE NARRATEUR Le petit bonhomme de pain d'épices court.
    Soudain, il voit une vache.
LA VACHE Meuh ! J'ai faim. Je veux te manger. Stop !
LE PETIT BONHOMME DE PAIN D'ÉPICES Oh, non ! Je ne
    veux pas m'arrêter !

TOUS ENSEMBLE *Toi, tu cours pour me manger !*
Mais moi, je suis rapide, tu ne peux pas m'attraper !

LE NARRATEUR La vieille dame, le vieux monsieur et la
    vache courent après le petit bonhomme de pain d'épices.

Scène 4
LE NARRATEUR Le petit bonhomme de pain d'épices court
    très vite. Soudain, il voit un cheval.
LE CHEVAL Hiiii ! Bonjour ! J'ai faim. Viens ici !
LE PETIT BONHOMME DE PAIN D'ÉPICES Oh, non. Tu ne
    peux pas me manger.

TOUS ENSEMBLE *Toi, tu cours pour me manger !*
Mais moi, je suis rapide, tu ne peux pas m'attraper !

LE NARRATEUR Maintenant, la vieille dame, le vieux
    monsieur, la vache et le cheval courent derrière le petit
    bonhomme de pain d'épices.
LE PETIT BONHOMME DE PAIN D'ÉPICES Ha, ha ! Vous ne
    pouvez pas m'attraper !

25

TOUS ENSEMBLE *Vous voulez me manger,*
Mais moi, je sais courir !
Vous ne pouvez pas m'attraper,
Et moi, ça me fait rire !

Scène 5

LE NARRATEUR Le petit bonhomme de pain d'épices pense qu'il est intelligent. Soudain, il rencontre un renard.

LE RENARD Bonjour ! Qui es-tu ?

LE PETIT BONHOMME DE PAIN D'ÉPICES Bonjour. Je suis le petit bonhomme de pain d'épices. Tu as faim ?

LE RENARD Non, je n'ai pas faim. Je ne veux pas te manger. Je veux parler avec toi.

LE PETIT BONHOMME DE PAIN D'ÉPICES Je ne veux pas m'arrêter ! Au revoir !

LE NARRATEUR Le petit bonhomme de pain d'épices court très vite.

Scène 6

LE NARRATEUR Le petit bonhomme de pain d'épices arrive à une rivière.

LE PETIT BONHOMME DE PAIN D'ÉPICES Oh, non ! Je ne sais pas nager. Comment est-ce que je peux traverser la rivière ?

LE RENARD Je sais nager. Je peux t'aider. Tu peux te mettre sur ma queue.

LE PETIT BONHOMME DE PAIN D'ÉPICES Merci !

LE NARRATEUR Le renard commence à nager.

LE PETIT BONHOMME DE PAIN D'ÉPICES Oh, non ! Mes jambes sont dans l'eau.

LE RENARD Tu peux te mettre sur mon dos.

LE PETIT BONHOMME DE PAIN D'ÉPICES Merci !

LE NARRATEUR Mais…

LE PETIT BONHOMME DE PAIN D'ÉPICES Oh, non ! Mes bras sont dans l'eau !

LE RENARD Tu peux te mettre sur mon nez.

LE PETIT BONHOMME DE PAIN D'ÉPICES Merci !

LE NARRATEUR Mais,..Oh, non ! Le renard est intelligent. Il lance le petit bonhomme de pain d'épices en l'air et le petit bonhomme de pain d'épices tombe… dans la bouche du renard !

LE RENARD Gloups ! Miam-miam !

LE NARRATEUR Le renard court et chante…

TOUS ENSEMBLE *Oui, toi, tu sais courir très vite,*
petit bonhomme de pain d'épices !
Mais, moi, je suis plus intelligent !

Jouons ensemble !

1 **Remets l'histoire dans le bon ordre.**

a

b

c

d

e

f

1 Une vieille dame fait un petit bonhomme de pain d'épices.

2 Le petit bonhomme de pain d'épices sort du four.

3 La vieille dame et le vieux monsieur courent après le petit bonhomme de pain d'épices.

4 Une vache veut manger le petit bonhomme de pain d'épices.

5 Un cheval veut manger le petit bonhomme de pain d'épices.

6 Un renard intelligent trompe le petit bonhomme de pain d'épices !

2 Complète la grille de mots croisés à l'aide des dessins.

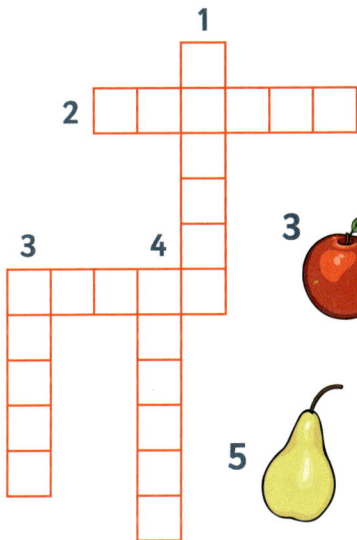

1

2

3

4

5

3 Écris vrai (V) ou faux (F).

1 Le vieux monsieur fait un petit bonhomme de pain d'épices. ☐

2 La vieille dame et le vieux monsieur ont faim. ☐

3 Le petit bonhomme de pain d'épices marche lentement. ☐

4 La vache dit : « Je veux te manger ». ☐

5 Ensuite, il rencontre un chien. ☐

6 Le cheval veut manger le petit bonhomme de pain d'épices. ☐

7 Le petit bonhomme de pain d'épices sait nager. ☐

8 Un poisson mange le petit bonhomme de pain d'épices. ☐

4 Entoure les mots qui riment.

1 bonhomme   cheval   pomme   fraise

2 rivière   faim   dame   pain

3 four   dos   nez   Au secours

5 Le petit bonhomme de pain d'épices peut courir. Et toi ? Qu'est-ce que tu peux faire ou ne pas faire ? Utilise les expressions données.

> nager · faire du vélo · dessiner · jouer au tennis
> cuisiner · faire du judo · parler espagnol

Je peux ... _____

_____

Je ne peux
pas ... _____

6 Que peux-tu apprendre de l'histoire du petit bonhomme de pain d'épices ?

Est-ce que c'est bien de faire confiance à tout le monde ?

_____

Est-ce que c'est bien de penser qu'on est plus intelligent que tout le monde ?

_____

7 Trouve les parties du corps.

_ _ _ _ _ R B S A

_ _ _ _ _ Z N E

_ _ _ _ _ B U C O H E

_ _ _ _ _ E Y U X

8 Écris une fin différente à l'histoire.

Le petit bonhomme de pain d'épices arrive à la rivière.

_____

_____ .

Aimes-tu cette histoire ? Dessine le visage du petit bonhomme de pain d'épices, puis colorie-le.

Mon personnage préféré est _____

☺ = J'adore cette histoire !

☺ = J'aime cette histoire !

☹ = Je n'aime pas cette histoire.